Léo Lam

La cité perdue

Pour découvrir nos nouveautés,
consulter notre catalogue en ligne,
contacter nos diffuseurs, ou nous écrire,
rendez-vous sur Internet :

www.fle.hachette-livre.fr

Couverture : Guylaine Moi
Conception graphique et mise en page : Anne-Danielle Naname
Illustrations : Myriam Chauvy

ISBN : 2-01-155374-1

© HACHETTE LIVRE 2004, 43, quai de Grenelle, 75905 Paris CEDEX 15.
Tous les droits de traduction, de reproduction et d'adaptation réservés pour tout pays.

La loi du 11 mars 1957 n'autorisant, aux termes des alinéas 2 et 3 de l'article 41, d'une part, que « les copies ou reproductions strictement réservées à l'usage privé du copiste et non destinées à une utilisation collective » et, d'autre part, que « les analyses et les courtes citations » dans un but d'exemple et d'illustration, « toute représentation ou reproduction intégrale ou partielle, faite sans le consentement de l'auteur ou de ses ayants droit ou ayants cause, est illicite ». (Alinéa 1 de l'article 40)
Cette représentation ou reproduction, par quelque procédé que ce soit, sans autorisation de l'éditeur ou du Centre français de l'exploitation du droit de copie (20, rue des Grands-Augustins, 75006 Paris), constituerait donc une contrefaçon sanctionnée par les articles 425 et suivants du Code pénal.

Sommaire

Chapitre		
1	Une tribu fatiguée	5
2	Thom découvre la solitude	10
3	Les araignées	12
4	La décision	16
5	La Cité Perdue	20
6	La vengeance des dieux	25
7	La revanche de Thom	29
8	Station Montparnasse	32

Mots & Expressions 36

Activités 38
Corrigés 46

Chapitre 1

Une tribu fatiguée

Cette année-là, l'hiver est arrivé d'un seul coup avec ses vents, ses brouillards et ses tempêtes de neige. Le ciel était noir. Le jour ressemblait à la nuit.

Les humains avaient froid, ils avaient faim aussi.

La tribu descendait des Monts Brumeux. Elle allait vers le sud où il faisait moins froid. Les hommes marchaient devant, le vieux Zahor en tête. Ensuite venaient les femmes. Elles portaient leurs enfants dans les bras. Derrière le groupe des femmes avançait Saha, la gardienne du feu. La jeune fille portait une petite cage de fer où elle gardait précieusement la flamme. Elle la nourrissait d'herbes sèches et de petits morceaux de bois. Le feu

---

Les mots en vert renvoient à la rubrique *Mots et Expressions*, p. 36.

Chapitre 1

ne devait pas s'éteindre et priver les hommes de sa protection et de sa chaleur. Thor, le **guerrier** courageux, **fermait la marche**, sa lance de fer dans la main droite à cause des ours sauvages et des loups **affamés**…

La tribu s'arrête un moment pour se reposer en bas des Monts Brumeux. Zahor, le vieux chef, leur montre la grande **plaine** qu'ils doivent traverser : elle est immense ! Tous tremblent de froid et de fatigue. Mais il faut continuer. Cette fois, les femmes et les enfants marchent au milieu du groupe. Les hommes les entourent.

Thom et sa mère marchent loin derrière le groupe, en compagnie des chiens sauvages. Quand ils s'approchent trop près de la tribu, les femmes leur jettent des pierres et les hommes les **chassent**. Dans la tribu, on n'aime pas les enfants sans père, on dit que ce sont les enfants des mauvais esprits. Surtout quand ils sont noirs, comme Thom. Les enfants noirs sont maudits par les dieux, c'est le vieux Zahor qui l'a dit. Et le vieux chef a toujours raison, car c'est le seul qui parle aux dieux.

Il fait de plus en plus froid… La mère de Thom est fatiguée par la longue marche. Elle a beaucoup de mal à avancer dans la neige. Son fils l'aide, mais il est encore très jeune : il n'a que treize ans, ce n'est pas encore un guerrier.

La tribu s'abrite près d'une grande roche, au milieu de la plaine. La mère et son fils s'installent loin des autres. Les femmes ont préparé un foyer d'herbes sèches et de bois. Saha ouvre la petite cage de fer et souffle sur la flamme en chantant doucement une prière aux dieux. La flamme monte vers le ciel et réchauffe les cœurs et les corps fatigués.

Thor, le guerrier courageux, est parti seul dans la neige. Une heure plus tard, il donne à la tribu une chèvre sauvage qu'il vient de tuer. Les hommes la découpent et la placent au-dessus de la flamme. La tribu a maintenant à manger. Tous peuvent reprendre des forces après un long jour de marche.

La chèvre, en cuisant, a une odeur délicieuse. De loin, Thom observe les hommes découper l'animal et distribuer des morceaux de viande à chacun selon son âge et sa force. Des grosses parts pour les guerriers et pour Zahor, des petites parts pour les femmes et les enfants et enfin les os pour les chiens… Et Thom a faim. Car l'enfant noir n'a pas le droit de partager la nourriture des hommes.

À la fin du repas, il doit se battre avec un chien pour ramener à sa mère un os avec un peu de viande autour.

Chapitre 2

Thom découvre la solitude

La mère de Thom a le visage blanc de fatigue et de froid. Elle tremble sous la peau d'ours qui couvre ses épaules. Elle n'a pas la force de manger ce que Thom lui a rapporté. C'est l'enfant noir qui déchire la chair rouge et ronge l'os. Depuis toujours, Thom et sa mère mangent les restes. Parfois, quand il y a assez à manger pour tout le monde, Saha vient déposer un morceau de viande devant eux et repart sans oser les regarder.

Souvent, la nuit, Thom rampe jusqu'au feu pour écouter ce que les autres disent. Quand ils parlent de lui, les hommes crachent trois fois par terre et les femmes baissent les yeux. Ils l'appellent « l'enfant maudit ».

Au matin, la tribu se prépare à repartir, mais la mère de Thom est aussi froide que la neige et aussi dure que la pierre. L'enfant noir l'appelle, la secoue, mais elle ne bouge pas. Thom comprend alors qu'elle a pris le long chemin qui mène au pays des ancêtres et qu'elle ne reviendra plus jamais. Il comprend que sa mère est morte. Il est seul, maintenant. Complètement seul. Son cœur est déchiré de chagrin, mais l'enfant noir ne sait pas pleurer. Thom recouvre sa mère de neige et reprend la marche en silence, loin derrière la tribu.

Chapitre 3

Les araignées

Vers le milieu du deuxième jour, les hommes ont traversé la grande plaine pour arriver jusqu'aux Marais Périlleux. Ils doivent faire très attention où ils marchent. Un pas en dehors du chemin et ils s'enfoncent dans la boue et les sables mouvants. Le jour, les marais sont très dangereux. Mais ils sont encore plus dangereux la nuit car les araignées attaquent. Ce sont des araignées géantes qui se nourrissent de chair humaine. Leur bec crochu se termine par une longue trompe. Elle leur permet de boire le sang de ceux qui tombent entre leurs pattes. Le groupe des hommes se resserre autour des femmes et des enfants et Thom, loin derrière eux, est encore plus seul.

Le vieux Zahor marche devant. Il touche le sol avec sa lance. Tous les hivers, il fait le voyage vers le sud. Il connaît bien le chemin. Il guide le groupe à travers les marais qu'il faut traverser avant le coucher du soleil… car les monstres sortent de leurs cachettes avec la nuit… Seul, loin de la tribu, Thom a peur, mais il suit courageusement le groupe.

La tribu met l'autre moitié du jour à traverser les Marais Périlleux. Tous pataugent dans la boue et glissent sur la neige, en faisant bien attention où ils mettent leurs pieds enveloppés de peaux de bêtes. Ils réussissent à sortir des marais au moment où le soleil se couche.

Zahor leur crie qu'il faut avancer encore et s'éloigner rapidement du territoire des araignées. Mais la tribu ne peut plus continuer à marcher. Les femmes et les enfants sont très fatigués et les hommes ont faim. Le vieux Zahor accepte alors de stopper la marche. On allume le feu. Les femmes s'assoient en rond, protégées par les flammes et entourées par les hommes. On entend des bruits bizarres dans la plaine et des respirations étranges. Il y a des mouvements dans l'ombre. On sent une présence, un danger.

Thom est monté dans un arbre pour se mettre à l'abri. Il va s'endormir quand il les entend arriver qui secouent le sol de leurs huit pattes énormes. Les araignées ! Les monstres affamés se jettent sur les humains fatigués pour les dévorer.

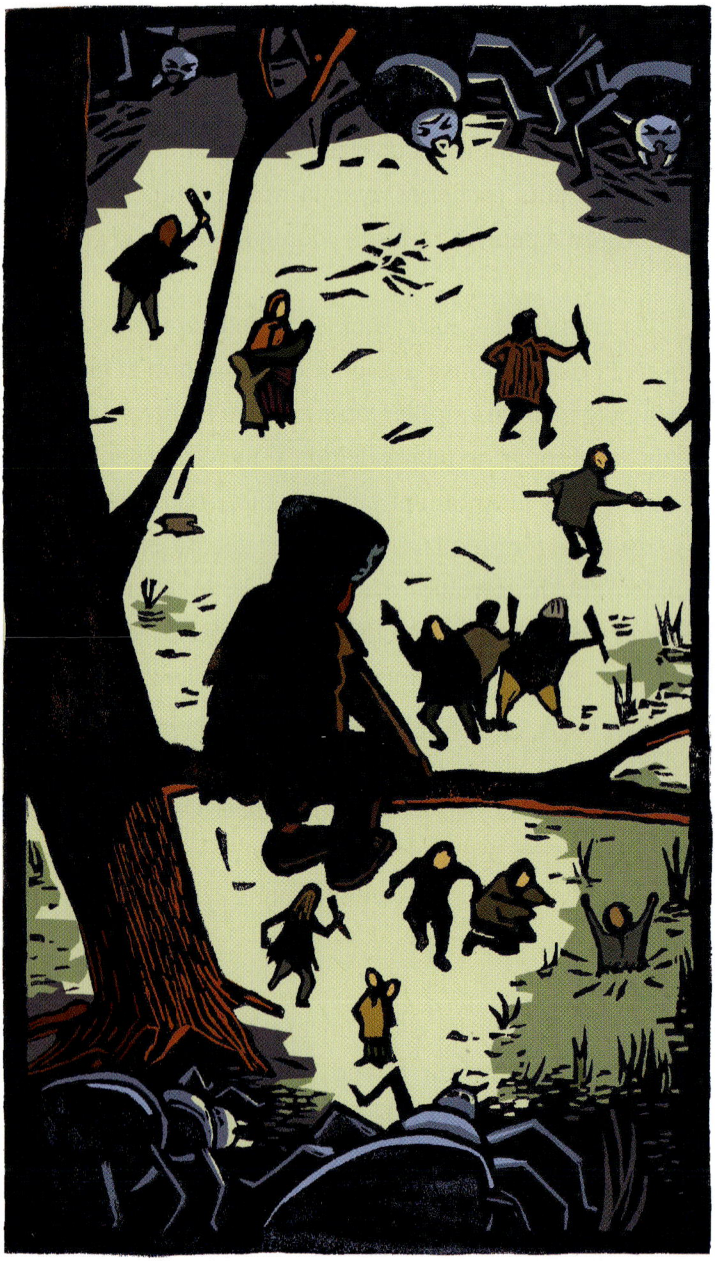

L'enfant noir pousse un long cri pour avertir les autres. Mais il est déjà trop tard. Les araignées géantes attaquent toutes ensemble. Il en vient de tous les côtés. Les hommes tombent les premiers, les femmes sont emportées pour être dévorées. Beaucoup d'enfants ont disparu, cette nuit-là.

Chapitre
4

La décision

Au matin, il ne reste de la tribu que quelques hommes, peu de femmes et cinq ou six bébés accrochés à leurs mères. Zahor, le chef, est triste. Mais il y a pire : le feu est mort au cours de la bataille. Saha, blessée, n'a rien pu faire pour sauver la flamme. Cette fois, la tribu n'est plus protégée des bêtes sauvages ni du froid de l'hiver.

On se tourne vers Zahor. Il s'est courageusement défendu. Il a tué six monstres et il est en train de découper les araignées mortes pour ajouter leurs griffes au grand collier qui pend autour de son cou. Ainsi, il prend la force de ses ennemis pour devenir aussi puissant et aussi rusé qu'eux.

17

Chapitre 4

« Que devons-nous faire, maintenant ? » lui demandent les hommes.

Zahor regarde les gros nuages gris dans le ciel. Il crache dans la neige et il dit :

« Demain, j'irai à la Cité Perdue, je demanderai conseil aux dieux et je ramènerai le feu. La tribu se cachera dans la forêt du Mont-Parno pour m'attendre. »

Du haut de son arbre, Thom a entendu ce qu'a dit le vieux guerrier. Il a assisté au terrible combat entre les hommes et les monstres à huit pattes. Il a entendu les cris des blessés et les hurlements des mourants. Au matin, il a osé descendre et s'approcher de la tribu pour se mettre à l'abri parmi les autres. Mais les quelques hommes qui restaient l'ont chassé sans pitié. Thom est l'enfant noir, le fils maudit qui n'a pas de père, celui qui porte malheur. L'enfant ne s'est jamais senti aussi seul. Que faire ? Accompagner la tribu que Thor conduit vers la forêt du Mont-Parno ou suivre le vieux Zahor vers la Cité Perdue ?

Chaque fois qu'il va demander conseil aux dieux, le vieux sage part seul en direction de l'ouest. Il est interdit de le suivre. Quand il revient, trois jours plus tard, il parle seul, rit, tombe par terre de fatigue et dort de longues heures. À son réveil, il raconte ce que les dieux lui ont ordonné. Et le fier Thor, lui-même, obéit à ses ordres.

Thom a peur de suivre Zahor dans la Cité Interdite, mais il est très seul, maintenant qu'il n'a plus sa mère. Et, s'il veut **survivre**, il doit découvrir le secret du vieil homme. Et demander, lui aussi, l'aide des dieux.

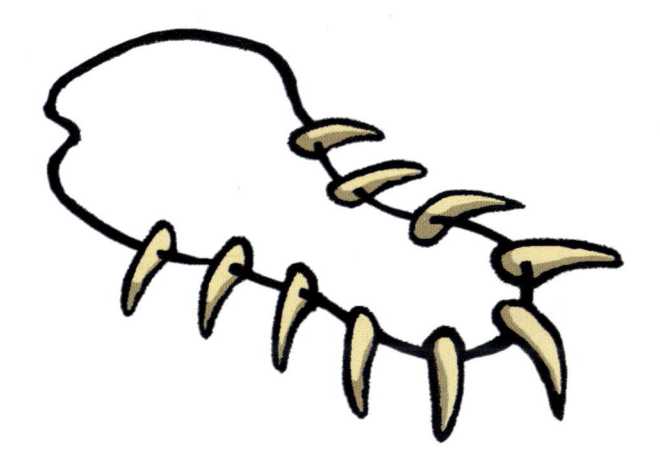

La décision

Chapitre 5

La Cité Perdue

Au matin, le vieux chef part voir les dieux de la Cité Perdue. Il est vêtu de peaux de loups. Il tient sa lance de fer dans sa main droite. À son cou, le collier de griffes lui donne vraiment l'air d'un guerrier puissant et rusé.

Toute la journée, Zahor marche sans se retourner une seule fois. Thom le suit discrètement. Le vieillard et l'enfant traversent un désert de neige et de glace, marchant toujours vers l'ouest. Ils approchent lentement de la Cité des dieux.

Puis Thom voit grandir devant lui quatre piliers et une haute masse de fer qui défient le ciel : c'est la Tour Noire. Elle marque l'entrée de la cité en ruine. Car tout est en ruine. Il y a eu là une ville et des hommes. Mais tout s'est écroulé il y a bien longtemps, sauf la Tour Noire.

La Cité Perdue

Chapitre 5

Quand ils arrivent devant la Tour Noire, le jour est proche de sa fin. Les nuages sont bas. Le vieil homme et l'enfant passent entre les hauts piliers de la tour et entrent dans la ville. Thom **frissonne**. Dans la Cité Perdue, tout est immobile. Désert. Vide.

Le vieux Zahor marche droit devant lui. Il a l'air de bien connaître la Cité Perdue. L'enfant noir le voit entrer dans un immeuble en ruine. Le vieux chef en ressort un peu plus tard. Il tient dans ses bras de longs objets transparents remplis d'un liquide brun. Il en **débouche** un, porte le bout le plus fin à ses lèvres et boit le liquide. Puis il fait quelques pas sur la droite et disparaît sous terre. Thom a peur de le suivre. Zahor vient d'entrer dans le temple des dieux.

L'enfant reste seul, caché derrière un pilier de la tour. Le soleil s'est couché et tout est silencieux dans la Cité Perdue. Thom attend le retour du vieux chef, mais les heures passent et Zahor ne remonte pas des profondeurs de la terre. L'enfant noir se décide alors à rejoindre Zahor. Il fait quelques pas en direction du trou, dans le sol, là où le vieux chef a disparu. C'est un trou blanc, chaud, lumineux, **accueillant**. Une lumière brille au milieu de la nuit, une lumière jaune et claire, comme le soleil au printemps. Et aucun bruit, sauf celui des rats, les seuls habitants de la ville. Thom attend encore au bord du trou, mais Zahor ne remonte pas. L'enfant se décide alors à descendre dans le ventre de la Cité.

Il arrive dans un long couloir blanc très éclairé. Il fait chaud. Thom se dit que ce serait un excellent abri pour la tribu qui n'aurait plus à avoir peur des bêtes sauvages et des araignées géantes ; ils pourraient s'y installer, le temps que l'hiver passe…

Il fait encore quelques pas en avant. Le couloir mène à une caverne, toute blanche elle aussi. Au milieu, Thom voit le vieux chef assis par terre : il boit et boit encore. Et il parle, aussi. Sur le mur, deux grandes silhouettes se détachent. Thom entend une voix humaine, une voix de femme. Alors c'est vrai ! Zahor parle vraiment aux dieux !

Chapitre 5

L'enfant noir s'approche doucement pour mieux voir les dieux de la Cité Perdue… Son cœur s'arrête un instant de battre. Les dieux sont noirs, oui, noirs ! Leur peau est comme celle de Thom qui regarde, émerveillé, ces deux êtres si beaux, si parfaits. Les cheveux de l'homme sont courts et il n'a pas de barbe. Le vêtement de la femme brille dans la lumière. Ils tiennent à la main des objets identiques à ceux que le vieux Zahor a trouvés dans les ruines. Ils les lèvent en souriant.

Thom comprend tout à coup pourquoi le vieux Zahor a toujours gardé son secret, pourquoi personne, jamais, ne devait le suivre dans la Cité Perdue. Personne ne doit savoir que les dieux sont noirs, comme l'enfant, qu'il n'est pas maudit, mais qu'il est comme les dieux. Peut-être même qu'il est le fils de ce dieu qui sourit, sur le mur. Si la tribu apprend que Thom est le fils d'un dieu, plus personne n'écoutera les conseils du vieux sage ! On l'écoutera, lui, l'enfant noir, et il deviendra le chef, à la place de Zahor. C'est pour cette raison que la cité est interdite. Personne, jamais, ne doit connaître le secret du vieillard.

« C'est l'enfant noir qui a apporté tous ces malheurs, explique le vieux Zahor aux dieux souriants. L'enfant noir est maudit. L'enfant noir doit mourir. Il mourra à la prochaine lune, je le tuerai moi-même… » Les dieux sourient toujours. Les lèvres de la femme bougent et elle répond au vieux dans une langue que l'enfant ne comprend pas.

Chapitre 6
La vengeance des dieux

Effrayé, Thom se sauve à toute vitesse. Il remonte l'escalier et retrouve le froid du dehors. Ainsi, le vieux veut le tuer ! Une fois revenu dans la tribu, les guerriers l'attraperont et Zahor lui plongera sa lance dans le corps. Non, Thom ne veut pas mourir. Il préfère rester seul, sans défense, dans la Cité Perdue. Au moins, il aura des rats à manger et s'il fait trop froid, il descendra se réchauffer auprès de son père, le dieu à la peau noire comme la sienne. Thom se cache dans les ruines et attend le départ du vieux Zahor vers la tribu.

Le troisième soir, le vieux chef est toujours en bas. Dans l'après-midi, un terrible orage a enflammé un immeuble en ruine. L'enfant noir a alors fabriqué une cage à feu pour y mettre la flamme. Thom a longuement observé Saha, il sait comment conserver la flamme. Ainsi, il peut cuire les rats qu'il attrape pour se nourrir. Avec le feu, il se sent moins seul et plus fort aussi.

Au sixième jour, le vieux Zahor n'est toujours pas remonté. Il n'est jamais resté si longtemps sous la terre. Thom comprend tout à coup qu'il s'est passé quelque chose. Quelque chose de grave. Il doit aller voir. Il descend doucement le grand escalier et avance vers la caverne aux murs si blancs.

Zahor est toujours assis face aux dieux, mais il est pâle et ses yeux sont fermés. Il ne respire plus. Comme la mère de Thom, quand elle est partie rejoindre ses ancêtres… Ainsi, les dieux se sont vengés ! Zahor voulait tuer l'enfant noir mais les dieux ne l'ont pas voulu : c'est le vieil homme qui est mort !

Thom a très peur des morts, mais il trouve le courage de prendre le collier de griffes de Zahor et de le mettre autour de son cou. Toute la sagesse et la force du vieux chef entrent alors en lui. Il devient le vieux, ce vieux qui l'a condamné à mort parce qu'il était jaloux. Et l'enfant s'assied à la place de Zahor, face aux dieux noirs qui lui souriaient.

À ses pieds, Thom trouve la boisson des dieux. Il boit. C'est acide, sucré, ça fait tourner la tête. Il boit encore. Les dieux lui sourient toujours et, soudain, leurs lèvres s'ouvrent. Ils lui parlent, à lui, Thom, comme ils

La vengeance des dieux

Chapitre 6

l'ont fait au vieux Zahor ! Mais malgré le collier de griffes, malgré toute la sagesse du vieux passée en lui, Thom ne comprend pas leur langue. Toute la nuit, les dieux lui parlent. Pour lui dire toujours la même chose. Quelque chose que Thom ne comprend pas…

Le septième jour, l'enfant s'écroule sur le sol, fatigué par la boisson des dieux. Il fait un rêve qui lui ordonne de retourner dans sa tribu. Il voit les hommes face à des loups affamés, il voit Thor blessé, il voit Saha, aussi, qui appelle au secours. Ainsi, les dieux ont trouvé un autre moyen de se faire comprendre. Dès son réveil, Thom les remercie et s'en va.

Chapitre 7

La revanche de Thom

Ils se sont rassemblés pour la nuit. Par habitude, les femmes ont dressé des pierres et construit un foyer. Les hommes ont apporté du bois, au cas où le vieux reviendrait avec le feu des dieux. Mais le vieux n'est pas revenu, et ils n'ont pas de feu pour les protéger de la nuit et des bêtes. Ils entendent les loups hurler autour d'eux, dans la forêt, et frissonnent. Quand la lune monte dans le ciel, les hurlements se rapprochent. Les femmes serrent les enfants contre elles et les hommes prennent leurs lances. Ils sont prêts à se battre. Jusqu'à la mort.

Thor, le premier, se met à crier « Le feu ! ». Les autres se retournent vers le foyer où une flamme monte dans la nuit. Thom nourrit le feu d'herbes sèches.

Chapitre 7

Cette fois, il n'est plus l'enfant noir, le maudit, celui à qui on jette des pierres. Le collier magique du vieux Zahor pend sur sa poitrine encore maigre. L'âme du vieux guerrier est en lui. Il est devenu Thom, celui qui a rendu le feu aux hommes, celui qu'on écoute avec respect.

« Je suis allé dans la Cité Perdue et j'ai parlé aux dieux, dit Thom. J'ai fait un rêve. J'ai vu la tribu aller vers la Cité pour se mettre à l'abri des bêtes sauvages. Il y a une grande caverne habitée par mon père, le dieu-qui-sourit-toujours. Il y fait chaud. Il y a des rats à manger. Plus besoin d'aller vers le sud. »

L'enfant n'a jamais parlé si longtemps. Il n'a d'ailleurs jamais parlé à personne d'autre que sa mère. Il prend dans ses mains le collier de griffes.

« Voyez, le vieux Zahor est mort, il est en moi, maintenant. Je suis votre chef. Demain, nous remonterons vers l'ouest. Vers la Cité Perdue. Mais maintenant, nous devons nous occuper des loups. »

Chaque homme prend une branche et l'enflamme. À la vue des torches, les loups reculent et s'enfuient. Leurs hurlements s'éloignent et cessent. Les hommes sont sauvés.

Cette nuit-là, Thor fait une place à Thom près du feu. Et l'enfant noir, devenu le guerrier Thom, le fils du dieu de la Cité Perdue, peut enfin s'endormir au milieu de la tribu.

Chapitre 8

Station Montparnasse

Au pied de la grande tour en ruine, dans la caverne de la Cité Perdue miraculeusement préservée du temps, une affiche colorée se détache du mur blanc près d'un plan du métro. À côté d'une superbe femme en robe rouge, MC Solaar, le rappeur noir, sourit. Chacun tient une bouteille.

Toutes les minutes, les lèvres de la femme bougent :
Avec MC Solaar, buvez Cola Zest… Avec MC Solaar, buvez Cola Zest… Avec MC Solaar, buvez Cola Zest…

Station Montparnasse

Mots & expressions

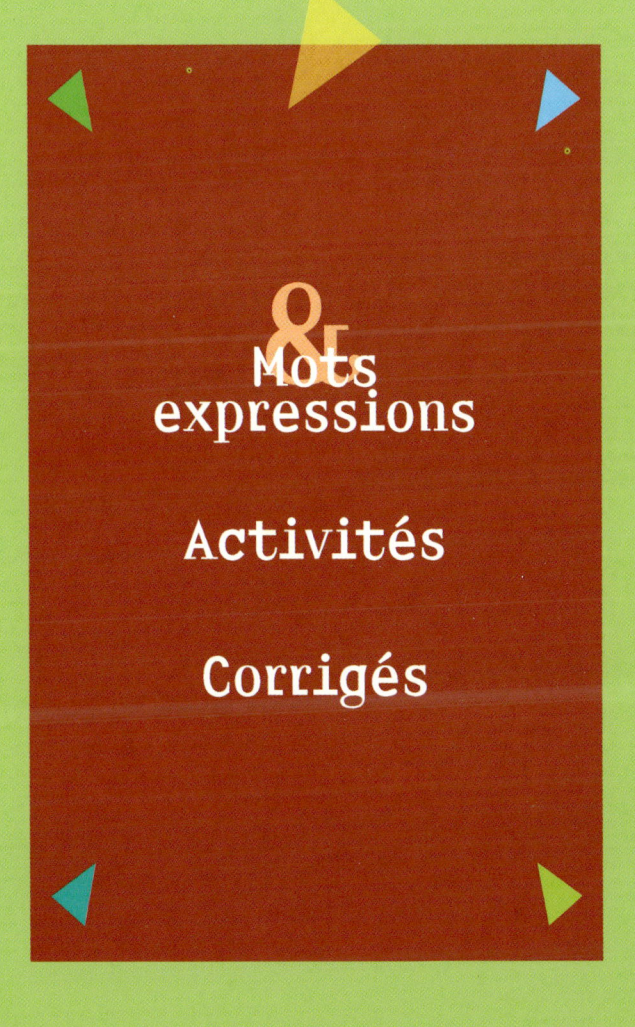

Activités

Corrigés

Mots & Expressions

Chapitre 1

- **(être) Affamé** *(adj.)* : avoir très faim.
- **Brouillard** *(n. m.)* : air humide formé par des petites gouttes d'eau.
- **Chasser qqn** *(v.)* : obliger quelqu'un à partir.
- **Fermer la marche** : marcher le dernier dans un groupe.
- **Foyer** *(n. m.)* : endroit où l'on fait du feu.
- **Guerrier** *(n. m.)* : Personne qui fait la guerre. Soldat.
- **(être) Maudit** *(adj.)* : être détesté, haï.
- **Mont** *(n. m.)* : terrain élevé. (Contraire de *plaine*.)
- **Plaine** *(n. f.)* : terrain plat. (Contraire de *mont*.)
- **S'abriter** *(v.)* : se protéger.
- **Tribu** *(n. f.)* : groupe de personnes.

Chapitre 2

- **Ancêtres** *(n. m. pl.)* : personnes de la famille plus anciennes que les grands-parents.
- **Être déchiré de chagrin** : être très triste.
- **Ramper** *(v.)* : se déplacer sur le ventre.
- **Ronger** *(v.)* : manger à petits coups de dents.
- **Secouer** *(v.)* : agiter très fort.

Chapitre 3

- **Boue** *(n. f.)* : terre très mouillée.
- **Dévorer** *(v.)* : manger beaucoup.
- **Guider** *(v.)* : accompagner quelqu'un pour lui montrer le chemin.
- **Marais** *(n. m.)* : terrain recouvert d'eau peu profonde.
- **Patauger** *(v.)* : marcher sur un sol boueux (cf. *boue*) ou dans l'eau.

Chapitre 4

- **Respiration** *(n. f.)* : c'est le fait de respirer : faire entrer de l'air dans les poumons et le rejeter.
- **Sables mouvants** *(n. m. pl.)* : sables recouverts d'eau où le pied s'enfonce.

bec crochu
trompe

- **Griffe** *(n. f.)* : ongle pointu.
- **Hurlement** *(n. m.)* : cri violent.
- **Rusé** *(adj.)* : malin.
- **Sans pitié** : de façon cruelle.
- **Survivre** *(v.)* : rester en vie.

Chapitre 5

- **Accueillant** *(adj.)* : un endroit accueillant est un endroit où l'on se sent bien.
- **Caverne** *(n. f.)* : grand trou naturel dans la pierre. Grotte.
- **Déboucher** *(v.)* : ouvrir.
- **Défier** *(v.)* : provoquer.
- **Émerveillé** *(adj.)* : en admiration.
- **Frissonner** *(v.)* : trembler de froid.
- **Identique** *(adj.)* : semblable, pareil.
- **Pilier** *(n. m.)* : colonne qui tient un bâtiment.
- **Ruine** *(n. f.)* : reste d'un bâtiment détruit.
- **S'écrouler** *(v.)* : tomber par terre.
- **Silhouette** *(n. f.)* : forme floue d'une personne ou d'une chose.
- **Vieillard** *(n. m.)* : homme très vieux.

Chapitre 6

- **Acide** *(adj.)* : piquant.
- **Orage** *(n. m.)* : perturbation dans l'air (éclair, tonnerre, pluie).
- **Pâle** *(adj.)* : sans couleur, tout blanc.

Chapitre 8

- **Miraculeusement** *(adv.)* : de façon incroyable.
- **Préservée** *(adj.)* : protégée contre le temps.

Activités

1 **Qui sont-ils ?**

Retrouve le surnom de chaque personnage.

1. Zahor
2. Saha
3. Thor
4. Thom

a. la gardienne de feu
b. le guerrier courageux
c. le vieux sage
d. l'enfant maudit

2 **Où sont-ils ?**

La tribu de Zahor doit traverser de nombreux endroits. Retrouve les définitions de chaque lieu.

1. Les Monts Brumeux
2. Les Marais Périlleux
3. La forêt du Mont-Parno

a. Terrains couverts de boue et de sables mouvants.
b. Lieu où la tribu attend le retour du vieux chef.
c. Montagnes couvertes de neige

Activités

3 Les intrus

Il y a beaucoup d'animaux dans le monde de la Cité Perdue. À ton avis, lesquels ne sont pas dans l'histoire ?

ours sauvage – rats – serpents – loups affamés – chèvre – chiens sauvages – araignées géantes – lions féroces

4 Les mots cachés

Observe la grille avec attention. Tu y trouveras cinq mots que tu as déjà rencontrés dans le texte. Pour t'aider, voici leur définition :

1. Je suis ce que mangent les hommes.
2. Saha me garde précieusement.
3. Les araignées géantes m'aspirent avec leur trompe.
4. Les femmes de la tribu les jettent sur Thom.
5. Les hommes m'utilisent pour faire des vêtements.

T	A	R	K	H	I	S	U
V	I	A	N	D	E	B	T
U	V	L	F	O	A	F	J
K	P	I	E	R	R	E	S
A	E	W	U	B	H	O	A
U	A	I	D	T	S	K	N
N	U	H	F	C	V	I	G

Activités

5 Vrai ou faux ?

Dis si les affirmations suivantes sont vraies (V) ou fausses (F). Justifie ta réponse en retrouvant dans le texte les passages qui te permettent de répondre.

	Vrai	Faux
1. Thom a onze ans.	☐	☐
2. Il est le fils du guerrier Thor.	☐	☐
3. C'est un jeune guerrier.	☐	☐
4. Thom pleure souvent.	☐	☐
5. Il sait allumer un feu et conserver la flamme.	☐	☐
6. Thom suit Zahor dans la cité interdite.	☐	☐
7. Thom devient le chef de la tribu.	☐	☐

6 À ton avis...

Retrouve la ou les bonnes réponses.

1. Thom est toujours loin de la tribu :
   - ☐ a. pour la protéger et l'avertir en cas de danger.
   - ☐ b. parce que ce n'est pas encore un guerrier.
   - ☐ c. parce qu'il est l'« enfant maudit ».

Activités

2. Saha conserve le feu dans une petite cage de fer :
   - a. parce qu'il ne doit pas s'éteindre et priver les hommes de sa chaleur.
   - b. parce qu'il protège les hommes des ours sauvages et des loups affamés.
   - c. parce que les hommes n'ont pas le courage de faire du feu.

3. La mère de Thom a pris « le long chemin qui mène au pays des ancêtres » :
   - a. parce qu'elle veut rendre visite à ses grands-parents.
   - b. parce qu'elle veut voir les anciens membres de la tribu.
   - c. parce qu'elle est morte.

4. Lorsque les araignées géantes attaquent, Thom :
   - a. pousse un long cri pour avertir les hommes.
   - b. se bat.
   - c. s'enfuit vers l'ouest, en direction de la Cité Perdue.

5. Thom entre dans la Cité Perdue :
   - a. parce qu'il sait où trouver le feu.
   - b. parce qu'il veut découvrir le secret du vieux sage.
   - c. parce que Thor, le guerrier courageux, lui a demandé de protéger le chef de la tribu.

Activités

7 Une tribu…

Voici la définition de deux adjectifs :

Sédentaire :
qui a une habitation fixe,
qui ne se déplace pas.

Nomade :
qui se déplace
tout le temps.

Lequel correspond le mieux à la tribu de *La Cité Perdue* ?

8 Les croyances de la tribu

Retrouve la bonne réponse.

1. La parole de Zahor est sacrée pour la tribu car :
   - a. c'est le fils des dieux.
   - b. c'est le seul qui parle aux dieux.

2. Le collier de griffes d'araignée est :
   - a. un bijou que tous les hommes de la tribu portent autour du cou.
   - b. un objet magique qui donne la force et le pouvoir.

3. Thom est l'enfant qui porte malheur :
   - a. parce que, selon Zahor, les enfants noirs et sans père sont maudits par les dieux.
   - b. parce que le feu s'éteint toujours quand il est là.

4. Les hommes crachent trois fois par terre lorsqu'ils parlent de Thom :
   - a. parce qu'ils ont peur d'être maudits aussi.
   - b. parce qu'ils ne sont pas d'accord avec Zahor.

Activités

9. Les hommes et le feu

a. Retrouve la bonne définition pour chacune des expressions suivantes :

Expressions

1. Jouer avec le feu.
2. N'y voir que du feu.
3. Il n'y a pas le feu.
4. Être tout feu tout flammes.

Significations

a. Être passionné.
b. Ne s'apercevoir de rien.
c. Prendre des risques, se mettre en danger.
d. Il n'y a pas d'urgence.

b. L'épreuve du feu symbolise le passage à l'âge adulte. Quelle phrase du chapitre 7 montre que, grâce au feu, Thom est devenu un guerrier et le chef de la tribu ?

Activités

10 — À la recherche de la Cité Perdue

Remets l'histoire dans le bon ordre.

1. Thom découvre une caverne blanche et lumineuse dans laquelle Zahor est entré.
2. Thom prend le collier de griffes et boit la boisson des dieux pour parler avec eux.
3. Thom décide de partir vers l'ouest et de suivre Zahor.
4. Devenu fort et puissant, Thom part rejoindre le monde des hommes.
5. Thom découvre le secret de Zahor : les dieux sont noirs, comme lui.
6. Thom retrouve Zahor mort et comprend que les dieux se sont vengés.
7. Thom voit Zahor avec les dieux-qui-sourient-toujours. Le vieux sage leur dit qu'il veut tuer l'enfant maudit.
8. Thom découvre que la Cité Perdue est une ville déserte, vide et en ruine.
9. Thom comprend le message des dieux : il doit porter secours aux hommes de la tribu.

Activités

11. Les familles de mots

Dans la Cité Interdite, Thom découvre deux mondes différents : un monde détruit (dehors) et un monde merveilleux (sous la terre). À quel « monde » appartiennent les mots suivants ?

en ruine – lumineux – désert – silencieux – chaud – accueillant

1. Le monde détruit : ....
2. Le monde merveilleux : ....

12. La ville

« L'enfant se décide alors à descendre dans le *ventre* de la Cité. » Pourquoi l'auteur utilise-t-il le mot « ventre » pour parler de la caverne ?

13. À ton avis...

Réponds aux questions.

a. Quand l'histoire de la Cité Perdue se déroule-t-elle : dans le passé (il y a de nombreuses années) ou dans le futur ?
b. Qui sont les personnages que Zahor et Thom prennent pour des dieux ?
c. As-tu aimé la fin de l'histoire ? Pourquoi ?

Corrigés

1 1. c. – 2. a. – 3. b. – 4. d.

2 1. c. – 2. a. – 3. b.

3 Serpents, lions féroces.

4 1. viande – 2. feu – 3. sang – 4. pierres – 5. peau.

5 1. F – 2. F – 3. F – 4. F – 5. V – 6. V – 7. V.

6 1. c. – 2. a. et b. – 3. c. – 4. a. – 5. b.

7 Nomade.

8 1. b. – 2. b. – 3. a. – 4. a.

9 a. 1. c. – 2. b. – 3. d. – 4. a.
b. « Il est devenu Thom, celui qui a rendu le feu aux hommes, celui qu'on écoute avec respect. »

10 3, 8, 1, 5, 7, 6, 2, 9, 4.

11 1. en ruine, désert, silencieux.
2. lumineux, chaud, accueillant.

12 Libre.

13 Libre.

Notes

Découvrez toute la collection Lire en français facile

1 de 300 à 500 mots

Série Tranches de vie	*Double Je*, V. Guérin	avec ou sans CD Audio
Série Science-fiction	*Si c'était vrai...*, S. Bataille	avec ou sans CD Audio
Série Fantastique	*Peur sur la ville*, A. Roy	avec ou sans CD Audio
Série policier	*La Disparition*, M. Gutleben	avec ou sans CD Audio
Série Aventures	*Le Trésor de la Marie-Galante*, A. Leballeur	

2 de 500 à 900 mots

Série Science-fiction	*Le Prisonnier du temps*, A. Roy	avec ou sans CD Audio
Série Fantastique	*La Cité perdue*, L. Lamarche	avec ou sans CD Audio
Série policier	*Attention aux pickpockets !*, L. Lamarche	avec ou sans CD Audio

Imprimé en France par Mame Imprimeurs à Tours.(n° 06062125)
Dépôt légal : 74597 - 06/2006
Collection n°04 - Edition 03
15/5374/2